Jennifer Moore-Mallinos

Gustavo Mazali

Diversidad

C o n t

enido

Mi piel

¡Oye! ¿Sabías que la piel viene en muchos colores y matices diferentes? Algunos tienen la piel clara y otros oscura, y hay incluso pieles intermedias. Pero no importa de qué color sea, la piel de todos es muy importante. Nuestra piel nos ayuda a protegernos. Nos permite saber cuándo tenemos calor o frío o incluso cuándo sentimos dolor. **La piel también puede decir mucho sobre quiénes somos y de dónde venimos.** ¡Qué genial es eso!

¿Cuál es el color de tu piel?

Lengua de signos

¿Sabías que no todo el mundo habla utilizando la voz? Algunas personas usan las manos para comunicarse. Esto se llama lengua de signos y **es el único idioma que puede ser utilizado por cualquier persona del mundo,** viva donde viva.

Ver cómo alguien utiliza las manos para hablar es genial. ¡Es como si sus manos estuvieran bailando! Como todos los demás idiomas, aprender a utilizar la lengua de signos requiere práctica. Pero lo mejor de todo es que, una vez que aprendes, puedes decirle a cualquier persona que la quieres.

¿Alguna vez has visto a dos personas hablar así?

Vivir en la ciudad

Mi familia y yo vivimos en un edificio muy alto en medio de la gran ciudad. Como vivimos en el piso 26, tenemos que utilizar siempre el ascensor para llegar a nuestro apartamento. Una de las cosas que más me gusta de la ciudad es que siempre está animada y nunca en silencio total. Hay gente por todas partes y los coches están pitando continuamente. Además, **en la ciudad siempre hay algo divertido que hacer,** como ir de compras, comer en un restaurante o ir al teatro, e incluso pasear por un parque.

¡Me encanta vivir en la ciudad!

Vivir en el campo

El perro Doogan vive en una casa con su familia. La casa está rodeada por campos verdes, muchos árboles y un arroyo de aguas cristalinas. A Doogan le encanta la tranquilidad del campo. Lo único que se oye es el canto de los pájaros, los chillidos de las ardillas cuando juegan y el susurro de las hojas cuando sopla el viento. **A Doogan le encanta tener mucho espacio para jugar, correr y explorar.**

¿Y tú dónde vives?

Mascotas

Existen muchas mascotas diferentes y no todo el mundo tiene la misma. Unos tienen un perro o un gato, y otros tienen un pez, una tortuga o incluso una serpiente. Da igual qué tipo de mascota tengas, porque todas necesitan cariño y alguien que cuide de ellas. Y, ¿sabes qué? Que no todas las mascotas necesitan el mismo tipo de cuidados. No podemos sacar a nuestro pez de paseo ni darle un baño, pero tenemos que asegurarnos de que su pecera esté limpia y alimentarlo todos los días. **¡Todas las mascotas necesitan amor y cuidados!**

¿Tú tienes alguna mascota?

13

Lenguaje corporal

¿Puedes hablar sin utilizar las palabras? ¡Todos podemos! Podemos decir que estamos contentos con una sonrisa o podemos decirle a alguien que ha hecho algo bien poniendo el pulgar hacia arriba. Algunas personas demuestran que alguien les importa dándole una palmadita en la espalda, y otros no mirando directamente a los ojos del otro.

¿Sabías que mover la cabeza de arriba hacia abajo puede significar cosas diferentes para distintas personas? Para algunos puede significar que les gusta algo, pero para los griegos, por ejemplo, este gesto significa que no les gusta.

¿Qué otras cosas puedes decir sin utilizar las palabras?

Utensilios para comer

¿Tú qué utilizas para comer? **En diferentes partes del mundo se usan distintos utensilios para comer.** En Asia utilizan los palillos chinos, en América y Europa usan cubiertos como el tenedor, el cuchillo y la cuchara, y en África, India y los países árabes se usan las manos.

Estos cubiertos y utensilios pueden ser de distintos materiales, como madera, plástico y metal. Hay también diferentes normas y costumbres dependiendo del país, pero todos los utensilios se aprenden a usar con la práctica y desde que somos muy pequeños.

¿Con qué tipo de utensilio te gusta comer?

Anika lleva un sari

Mi muñeca Anika es de la India y, al igual que muchas niñas de ese país, lleva un sari. El sari de Anika está hecho con un trozo largo de tela de colores que se enrolla alrededor de la cintura, el tronco y el hombro. La sonrisa de Anika es igual que la mía cuando me pongo mi ropa favorita. Te pongas lo que te pongas, **la ropa dice mucho del lugar en el que vives e incluso del lugar al que te diriges.**

¿Tú qué te pones para ir a una fiesta elegante?

Tengo dos casas

¿Sabes que tengo dos casas? **Vivo una semana con mi madre y otra con mi padre.** En casa de mamá mi habitación es rosa y en la de papá, violeta. Aunque mi madre y mi padre ya no vivan juntos, siguen viniendo a ver todos mis partidos de fútbol y los dos hablan con mis maestros sobre cómo voy en el colegio. Y aunque a veces puede ser duro, sé que mis padres me quieren y me cuidan muy bien.

¿Y tú cuántas casas tienes?

Moverse sobre ruedas

¿Sabías que algunas personas van a todas partes andando
o corriendo y otras como yo nos movemos sobre ruedas?
Como mis piernas no funcionan muy bien, **utilizo una
silla de ruedas para desplazarme.** Algunas sillas de
ruedas necesitan una batería para moverse, pero yo utilizo
mis propios músculos. Llevo unos guantes especiales para
protegerme las manos cuando impulso las ruedas. A veces
puede ser complicado, ¡pero funciona! Puedo moverme hacia
delante y hacia atrás, e incluso en círculos.

¿Y tú? ¿Cómo te desplazas de un sitio a otro?

Dos mamás

¿Sabías que no todas las familias son iguales? ¡Yo tengo dos mamás! Los tres nos divertimos mucho haciendo cosas juntos. Hacemos pizzas caseras, salimos a pasear por sitios muy bonitos y, a veces, para ver una peli en casa, nos ponemos cómodos en el sofá y comemos palomitas. **Tengo mucha suerte de tener dos madres que me cuidan** y, sobre todo, que me quieren con locura.

¿Qué haces tú con tu familia?

Decoración del pelo y el cuerpo

¿Sabías que hay muchas formas de decorar el cuerpo? A algunos nos gusta llevar pendientes, collares o incluso ropa divertida. Mi amiga Keisha lleva cuentas de colores en las trenzas. Keisha es africana y decorar el pelo con trenzas y cuentas es parte de su cultura. Otra amiga mía, Sefa, es de Oriente Medio y en ocasiones especiales se decora las palmas de las manos con tatuajes de henna.

¿A ti qué te gusta hacer para decorarte el cuerpo?

La góndola flotante

¿Sabías que los habitantes de Venecia, en Italia, utilizan góndolas para desplazarse por la ciudad? **Una góndola es una barca de madera estrecha y larga impulsada por una persona llamada gondolero.** El gondolero se coloca de pie en la parte trasera de la barca y utiliza un remo largo para moverla por el agua. ¡Moverse de un sitio a otro en barca suena muy divertido!

¿Y tú? ¿Cómo te mueves por tu barrio?

Autobús de dos pisos

Me llamo Emma y vivo en Inglaterra. Aquí, una de las formas de desplazarse por la ciudad es en un autobús de dos pisos. Este autobús es especial porque **es rojo y tiene escaleras para subir y bajar los dos pisos.** El conductor lleva a la gente por la ciudad y se asegura de que todos se bajen en la parada correcta. Mi sitio favorito para sentarme en el autobús es en la parte delantera del piso de arriba. ¡Desde allí puedo verlo todo!

¿Has estado alguna vez en un autobús de dos pisos?

31

Un arcoíris de amigos

¿Sabías que el océano está lleno de miles de criaturas diferentes? Algunas son grandes y otras pequeñas, algunas son gordas y otras delgadas, e incluso existen criaturas con ocho largos brazos. Pero no importa lo diferentes que sean unas de otras, porque el océano es el hogar de todas ellas. **Esto también pasa en tu barrio, donde todo el mundo es diferente,** pero todos comparten una cosa: el barrio en el que viven.

Cuéntame cosas sobre tu barrio.

Los padres son un equipo

Mi nombre es Peter y vivo con mi mamá y mi papá. Mamá y papá me quieren mucho y me cuidan muy bien. **Siempre que necesito ayuda, ellos están ahí para mí.** A mamá le gusta ayudarme a lavarme los dientes y a papá le gusta ayudarme a atarme los zapatos. Y a la hora de dormir, leemos un cuento juntos. A mamá y papá también les gusta enseñarme cosas nuevas. Papá me está enseñando a jugar béisbol y mamá me está enseñando a nadar. Son un buen equipo y ¡me alegro de formar parte de él!

¿Quién cuida de ti?

Altos y bajitos

¿Sabías que tengo algunos amigos que son altos y otros que son bajos? Me llamo Warren y soy bajito como un poni. Mi mejor amigo, Gerry, es bastante más alto que yo, parece una jirafa. **Lo mejor de tener un amigo tan alto es que puede alcanzar las cosas a las que tú no llegas,** como aquella vez en la que Gerry y yo estábamos jugando y al lanzar el disco volador lo encajé en un árbol. ¡Y Gerry lo cogió! ¡Bien!

¿Tienes amigos que sean más altos que tú?

Chicos y chicas

Los chicos son chicos y las chicas son chicas, pero el hecho de ser un chico no significa que no puedas jugar a disfrazarte o con muñecas. Tampoco el hecho de ser una chica supone que no puedas jugar con camiones o con bloques de construcción. **Seas chico o chica, a todos nos gusta jugar, aprender y, sobre todo, pasarlo bien.** Los chicos y las chicas podemos ser diferentes, ¡pero todos somos niños!

¿A ti con qué te gusta jugar?

Amor de cachorro

El cachorro Lucky es muy afortunado porque tiene tres hermanos y dos hermanas. A Lucky le encanta jugar con sus hermanitos, pero a veces le cuesta compartir. Cuando Lucky está enfadado con ellos, se pregunta cómo sería ser el único cachorro de la familia, pero cuanto más lo piensa más se da cuenta de que **tener una gran familia no está tan mal después de todo.** ¡En realidad es genial!

¿Tú tienes hermanos o hermanas?

¡Jo, jo, jo!

¡La Navidad es mi fiesta cristiana favorita! Todos los años, por esas fechas, ponemos el árbol de Navidad en casa y lo decoramos con lucecitas que parpadean y adornos especiales. ¡Es una época mágica! En Nochebuena dejamos galletas y leche para San Nicolás, a quien todo el mundo conoce con el nombre de Papá Noel, y colgamos nuestros calcetines en el árbol para que él los llene. Cuando nos levantamos **a la mañana siguiente encontramos nuestros calcetines repletos de chucherías y regalos** debajo del árbol.

¡La Navidad es una época para estar con la familia!

43

Janucá

El Janucá se celebra en invierno. **Esta festividad judía dura ocho días y es la fiesta de las luces.** Cada noche, durante el Janucá, se enciende una vela en la menorá. Una menorá es un candelabro de nueve brazos. Una de las velas se utiliza para encender las demás. Cada día que se enciende una vela, no solo obtenemos regalos como chocolatinas, puzles, libros o incluso pijamas, sino que también comemos algo especial cada noche.

El Janucá es una época para pasar con la familia y los amigos.

Ese es mi nombre

¿Sabías que todas las personas del mundo tienen un nombre? ¡Y todos los nombres son especiales! Me llamo Aa'eesha, que en árabe significa 'vida'. Tengo un amigo al que llamamos por su apellido, Liu, porque así se hace en su país, China. También tengo a mi mejor amigo, George, que se llama como su padre y como su abuelo **porque en su familia es importante seguir la tradición.**

¿Qué significa tu nombre?

48

Ponle la cola al burro

Ponle la cola al burro **es un juego muy divertido que es típico en las fiestas de cumpleaños de Estados Unidos.** Pero no te preocupes que no le ponemos la cola a un burro de verdad, ¡no, que eso tiene que doler! En este juego, todos intentan por turnos pegar la cola en el sitio correcto sobre la imagen de un burro. A quien le toca se le vendan los ojos y se le dan tres vueltas. Gana el jugador que coloca la cola más cerca del sitio correcto.

¿A qué juegas tú en las fiestas?

Piñata

Las fiestas en México son muy divertidas, sobre todo cuando hay una piñata. **Las piñatas son recipientes de colores de todas las formas y tamaños.** La piñata se llena con chucherías y juguetes pequeños y la única forma de conseguir sacarlos es romperla con un palo largo. Primero se cuelga la piñata en un sitio alto con una cuerda. Los niños intentan romperla por turnos y al que le toca intentarlo se le vendan los ojos y se le da tres vueltas.

¡Es muy emocionante cuando todas las chucherías caen al suelo!

51

Comer o no comer

Existen muchos tipos diferentes de comida y no se come
lo mismo en todo el mundo. A algunas personas se las
llama vegetarianas porque solo comen verduras y nada de
carne. Además, a los vegetarianos que no comen huevos
ni productos lácteos se les llama veganos. ¿Y sabías que a
los que solo comen verduras y pescado se les conoce como
pescetarianos? Da igual lo que comamos o no comamos, **lo
importante es comer sano.**

¿Qué tipo de comida te gusta? ¡Ñam, ñam!

Familia colorida

Mi madre y mi padre proceden de distintas partes del mundo. Mi madre nació en España y la familia de mi padre es africana. Lo mejor de mi familia no es solo que mi padre, mis hermanos y yo aprendemos a hablar español, sino también que celebramos el Kwanzaa, una fiesta originaria de África. En las reuniones familiares, todos disfrutan probando distintos tipos de comida y aprendiendo nuevos pasos de baile. ¡Qué divertido!

¿Qué hace que tu familia sea especial?

Danza hula

Si alguna vez vas al archipiélago de Hawái, verás la danza hula. Los bailarines de hula se mueven al sonido del ukelele y **mueven las caderas y los pies mientras utilizan las manos para contar una historia.** ¿Sabías que al mover las manos de una forma concreta puedes contar la historia de una ola en el océano o de un árbol que se balancea con el viento? Los bailarines llevan una falda de hierba y un top de colores. También se ponen flores en la cabeza y alrededor del cuello. El collar hecho con flores se llama «lei».

¡Aloha!

Castells

¿Alguna vez has visto una pirámide hecha con personas? **En Cataluña hacen torres humanas que se llaman «castells».** El castell consta de tres partes: la base, la parte central y la parte superior. Las personas que se colocan en la base de la torre tienen que ser muy fuertes, y las que suben hasta arriba tienen que ser las más ligeras, normalmente un chico o una chica joven. ¡Los castells son una tradición muy divertida!

¿Qué tradiciones existen donde tú vives?

¡Esto pica!

¿Te gusta la comida picante? Mi amigo Abdul es de la India y le encanta la comida picante. Una vez me preguntó si quería probar un poco del arroz con curry que había preparado su madre. **El curry es una mezcla de especias que puede hacer que te queme la boca.** ¡Y eso es lo que me pasó a mí! Me gustó el sabor del curry, pero no cómo me hizo sentir, porque empecé a sudar. ¡Parecía que me ardía la boca! Me gustó probarlo, pero creo que seguiré comiendo cosas que no hagan que me sienta mal.

¿Alguna vez has probado una comida desconocida?

Talentos

¿Sabías que todos somos buenos en algunas cosas y no tan buenos en otras? Mi amigo Tommy es muy bueno corriendo rápido y mi otro amigo, Zachary, tiene mucho talento para hacer dibujos.

Puede que no sea capaz de correr como Tommy o dibujar, pero puedo cantar. Todo el mundo tiene algo en lo que es realmente bueno, y para algunos de nosotros solo basta descubrir cuál es nuestro talento. Y adivina qué, **¡nunca sabrás en lo que eres bueno a menos que lo intentes!**

¿Qué habilidades tienes tú?

Mamá y yo

En mi familia sólo somos mamá y yo. Hacemos todo juntas; horneamos galletas, leemos libros y montamos nuestras bicicletas, pero lo mejor de todo es que nos encanta ponernos cómodas en el sofá y ver nuestra película favorita. Mamá siempre se asegura de que estoy a salvo y de que tengo ropa limpia, una cama caliente y comida en mi barriga. **Mamá me enseña a ser la mejor niña que puedo ser.** A veces me siento un poco triste porque mamá tiene que preocuparse por mí sola, pero sé que está preparada para el trabajo.

¡Gracias mamá!

Bestias peludas

¿Alguna vez has visto una oveja con el pelo liso o a un caballo con las crines rosas y rizadas? ¡Yo tampoco! ¡Pero qué divertido sería! **Lo mejor sobre el pelo es que podemos ponérnoslo como queramos.** Nos lo podemos rizar o alisar, dejarlo largo o cortarlo, ¡e incluso podemos cambiarlo de color! Así que si una oveja quiere ponerse el pelo liso y azul, ¡perfecto! Y si un caballo quiere ponerse las crines rizadas, ¡perfecto también! El pelo es solo pelo.

¿Tú cómo tienes el pelo?

67

¡Hola!

En el mundo hay muchas formas de decir «hola». En Estados Unidos se dan la mano y en Filipinas cogen las manos de la otra persona y las aprietan contra la frente.
La gente en Japón se saluda haciéndose una reverencia, mientras que en Nueva Zelanda juntan las frentes y se miran a los ojos. Y en Francia se saludan besándose en las mejillas.

¿Tú cómo dices hola?

Sombras

En Irlanda nos encanta jugar al juego de las sombras. ¡Es muy divertido! El que se la queda tiene que perseguir a los demás jugadores e intentar pillarlos. Para pillar a un jugador tiene que pisar su sombra. Lo más interesante es que si el jugador corre hasta un lugar donde no dé el sol y su sombra desaparece no se le puede pillar.

¿A ti a qué tipo de juegos te gusta jugar?

72

Turbante

Me llamo Samar y soy de la India. ¿Sabías que algunos hombres en la India llevan cosas curiosas en la cabeza que se llaman turbantes? Un turbante es un trozo largo de tela que se enrolla alrededor de la cabeza. **Existen diferentes tipos de turbantes y cada color tiene un significado distinto y se lleva en momentos distintos.** El turbante rosa se lleva en primavera o en las bodas, mientras que el blanco significa paz y lo llevan los ancianos. Los turbantes son una costumbre en nuestro país.

¡Que maravillosos son!

Audífonos

¿Sabías que aunque tengo dos oídos como todo el mundo, los míos no funcionan? **No puedo oír nada... a menos que lleve mis audífonos.** Me los pongo detrás de las orejas y son tan pequeños que nadie sabe realmente lo que son porque casi ni se ven. Igual que cuando subes el volumen de la radio para escuchar mejor tu canción favorita, mis audífonos me ayudan a que los sonidos sean más fuertes y mis oídos puedan oírlos.

¿Alguno de tus amigos lleva audífonos para poder oír?

Números grandes y pequeños

¿Cuántos años tienes? ¿Es un número grande o pequeño? Un número alto significa que eres mayor y un número bajo significa que eres pequeño. **No importa el número que seas, porque siempre estamos aprendiendo cosas.** Los niños pequeños pueden aprender a atarse los cordones y los mayores a conducir. Seas grande o pequeño, todos tenemos cosas que hacer, como ir al colegio o a trabajar, o aprender el abecedario.

¿Y tú qué número eres?

Normas de la casa

¿Sabes que cuando me hice mayor no podía llevar zapatos dentro de casa? Todos teníamos que dejarlos en la entrada y entrar en casa en calcetines o descalzos. **¡Los zapatos no estaban permitidos!** Otra de las cosas que hacíamos en casa era cubrir todos los muebles con plástico transparente. Era nuestra forma de mantener los muebles nuevos y que no se estropearan.

¿En tu casa tienes alguna norma especial?

Celíaco y sin gluten

¿Alguna vez has comido algo y te ha dado dolor de barriga? ¡Yo también! Sobre todo cuando como cereales o pan de trigo o de centeno, me duele muchísimo la barriga. El médico me ha dicho que es porque soy celíaco, por lo que la comida que tiene gluten, como los cereales o el pan, hacen que me sienta mal. ¿Y sabes qué? Que desde que he dejado de comer alimentos con gluten me siento mucho mejor.

¿A ti hay algún alimento que te siente mal?

El significado de los colores

¿Sabías que el color rojo es importante en la cultura china, sobre todo en ocasiones especiales como el Año Nuevo? En el Año Nuevo Chino, la gente cree que llevar ropa de color rojo y dar a sus familiares y amigos sobres del mismo color con monedas dentro da buena suerte. ¿Y sabes qué? **Que el color rojo no es solo un color con mucha energía, sino que también mantiene alejados a los malos espíritus.**

¿Hay algún color que tenga un significado especial para ti?

Banderas nacionales

Una cosa que todos los países tienen en común es que tienen una bandera. Todas las banderas son distintas, con figuras y colores diferentes, pero todas tienen un significado especial en cada país. El color amarillo de la bandera de España representa el sol, y el color rojo de la bandera de Rusia representa la valentía y el amor. Las banderas también tienen figuras. La hoja de arce de la bandera de Canadá simboliza el orgullo, y el círculo azul de la de Brasil representa una noche estrellada.

¿Qué colores tiene tu bandera?

Música

¿Cuál es tu música favorita? A mí me encantan muchos tipos de música diferentes, pero **mi música favorita es con la que me crie en Trinidad y que se llama calipso.** En este tipo de música se utilizan varios instrumentos, como la trompeta, la guitarra, las cañas de bambú y mis favoritas, las maracas. Recuerdo que mi hermana y yo nos cogíamos de las manos y dábamos pasos hacia delante y hacia atrás al ritmo de la música sin casi movernos de nuestro sitio.

¿A ti qué música te gusta?

¡Tengo dos papás!

En algunas familias hay un padre y una madre, o incluso dos madres, pero yo tengo dos papás. Al igual que otras familias, tenemos un perro y un pez, y tenemos que hacer las tareas de la casa. A mis papás y a mí nos gusta hacer cosas divertidas juntos, como montar en bici, jugar al baloncesto o ir a nadar a la piscina. **¡Mis papás me cuidan mucho!** ¡Tengo mucha suerte de tener dos padres que me quieran tanto!

¿A ti quién te cuida?

La vida sencilla

Mi nombre es Johnny Joseph y soy amish.
Ser amish significa vivir una vida sencilla, sin
electricidad ni teléfono en casa, sin coches, y vivir de
la tierra. Utilizamos caballos y carros para movernos
de un sitio a otro y encendemos velas para iluminar la
casa por las noches. Cultivamos nuestra propia fruta
y verdura y tenemos algunos animales de granja que
nos dan leche y huevos. Como no tenemos televisión,
pasamos mucho tiempo fuera jugando y ayudando en
el granero.

¿Tú qué cosas haces para divertirte?

Religión

¿Sabes que hay muchas religiones diferentes?
Están el budismo, el cristianismo, el hinduismo, el
islamismo, el judaísmo, la iglesia ortodoxa oriental y
el protestantismo, entre otras. Y aunque cada religión
puede tener distintas formas de ver las cosas, **todas
creen en algún tipo de poder superior.**

Para algunos ese poder se llama Dios y para otros, Alá. La religión puede ayudarnos a sentirnos mejor cuando estamos tristes y a tomar decisiones.

¿Tú tienes alguna religión?

94

Guía para padres

Aunque hay muchas cosas que hacen que seamos iguales, hay muchas otras que nos hacen diferentes. ¡Vivimos en un mundo muy diverso!

Para respetar la diversidad y entender y apreciar nuestra exclusividad, es necesario que conozcamos nuestras diferencias.

El objetivo de este libro no es solo aceptar nuestra individualidad, sino también reconocer los distintos tipos de diversidad que nos rodean: cultural, funcional, biológica, lingüística, familiar, religiosa o de género, entre otros.

La diversidad cultural reconoce que existe una amplia variedad de culturas y grupos étnicos. En la cultura se incluyen las costumbres, los comportamientos sociales y las normas. También puede incluir aspectos como el arte, la comida, la vivienda, la ropa e incluso las tradiciones.

La diversidad funcional reconoce que existen diferentes niveles de capacidad, minusvalías y necesidades especiales. Algunos de estos aspectos incluyen tener una discapacidad auditiva, necesitar una silla de ruedas o incluso llevar gafas.

La diversidad biológica engloba las diferencias en las regiones geográficas en las que viven las personas, ya sea en la ciudad o en el campo, en un bloque alto o en una casa.

La diversidad lingüística incluye las diversas formas o idiomas en las que nos comunicamos, tanto verbales como no verbales.

La diversidad familiar comprende las diferencias entre las unidades familiares.

La diversidad religiosa reconoce que existen muchas creencias religiosas, formas de culto y de celebrar festividades y días importantes con significados especiales.

La diversidad de género reconoce y acepta las orientaciones y preferencias sexuales de cada persona.

Esperamos que los diversos ejemplos que se incluyen en este libro permitan a sus hijos comenzar a ver a los demás y a sí mismos como individuos únicos con sus propias características, las cuales nos hacen ser lo que somos: especiales.

Diversidad

Texto: Jennifer Moore-Mallinos

Ilustraciones: Gustavo Mazali

Diseño y maquetación: Estudi Guasch, S.L.

© Gemser Publications, S.L.

Publicado por: Plutón Ediciones X, S.L.
España 2019

Segunda Edición: 2021

ISBN: 978-84-17928-07-0
Depósito Legal: B-15531-2021

Impreso en España

www.plutonkids.es
www.plutonediciones.com